RACONTE NOUS
TON HISTOIRE
PAPY

« Le Code de la propriété intellectuelle et artistique n'autorisant, aux termes des alinéas 2 et 3 de l'article L.122-5», d'une part. que les « copies ou reproductions strictement réservées à l'usage privé du copiste et non des1inées à une utilisation collective» et, d'autre part, que les analyses et les courtes citations dans un but d'exemple et d'illustration,
« toute représentation ou reproduction intégrale, ou partielle, faite sans le consentement de l'auteur ou de ses ayants droit ou ayants cause, est illicite» (alinéa Ier de l'article L. 122-4).

Cette représentation ou reproduction, par quelque procédé que ce soit, constituerait donc une contrefaçon sanctionnée par les articles 425 et suivants du Code pénal. »

Tous Droits réservés: © Elisa De BRACIER, JANVIER 2023

Cher Papy

Nous t'offrons ce joli livre afin que tu nous fasses le plus beau des cadeaux en retour .

En effet, tes souvenirs sont pour nous très précieux. et nous sommes pressés que tu nous racontes tes histoires, tes meilleurs souvenirs et bons moments.

Nous avons tous une histoire, celle-ci est la tienne, et il nous tarde de connaître les moindres détails de ta vie afin que nous puissions longuement en discuter et partager encore plus de moments ensemble en parlant de ton passé.

Si tu ne veux pas répondre à certaines questions, rien ne t'y oblige, nous ne t'en voudrons pas. C'est Ton Histoire.

Si tu le souhaites, tu pourras remplir ce livre seul ou en notre compagnie et même y ajouter des photos et commentaires sur la page à gauche des questions .

Nous t'aimons très fort .

Sommaire

Peux-tu nous parler de tes grands-parents ?

Parle-nous de ta maman et de ton papa.

Quels sont tes souvenirs d'enfance et d'écolier ?

Comment a été ton enfance ? Raconte-nous !

Parle-nous de ta femme, notre mamie.

Parle-nous du travail que tu as fait.

Parle-nous de tes enfants.

Avant, qu'est-ce qui te plaisait et que tu aimes encore faire ?

Peux-tu nous dire quelques mots sur tes petits-enfants ?

Toutes ces petites choses qu'on aimerait bien savoir aussi sur toi …

© 2023, Elisa De BRACIER

Édition : BoD – Books on Demand, info@bod.fr.

Impression : BoD – Books on Demand, In de Tarpen 42, Norderstedt (Allemagne)

Impression à la demande

ISBN : 978-2-3220-1229-9

Dépôt légal : Janvier 2023

Cher Papy

Merci d'avance...

De prendre du temps,

Car nous avons de la chance,

Avec toi de passer des bons moments,

Continue à nous raconter tes histoires d'enfance,

Et nous resterons toujours ébahis en t'écoutant,

                                         Tes Petits-Enfants

Tout simplement Toi

Notre Papy adoré

Nom : _____

Prénom : _____

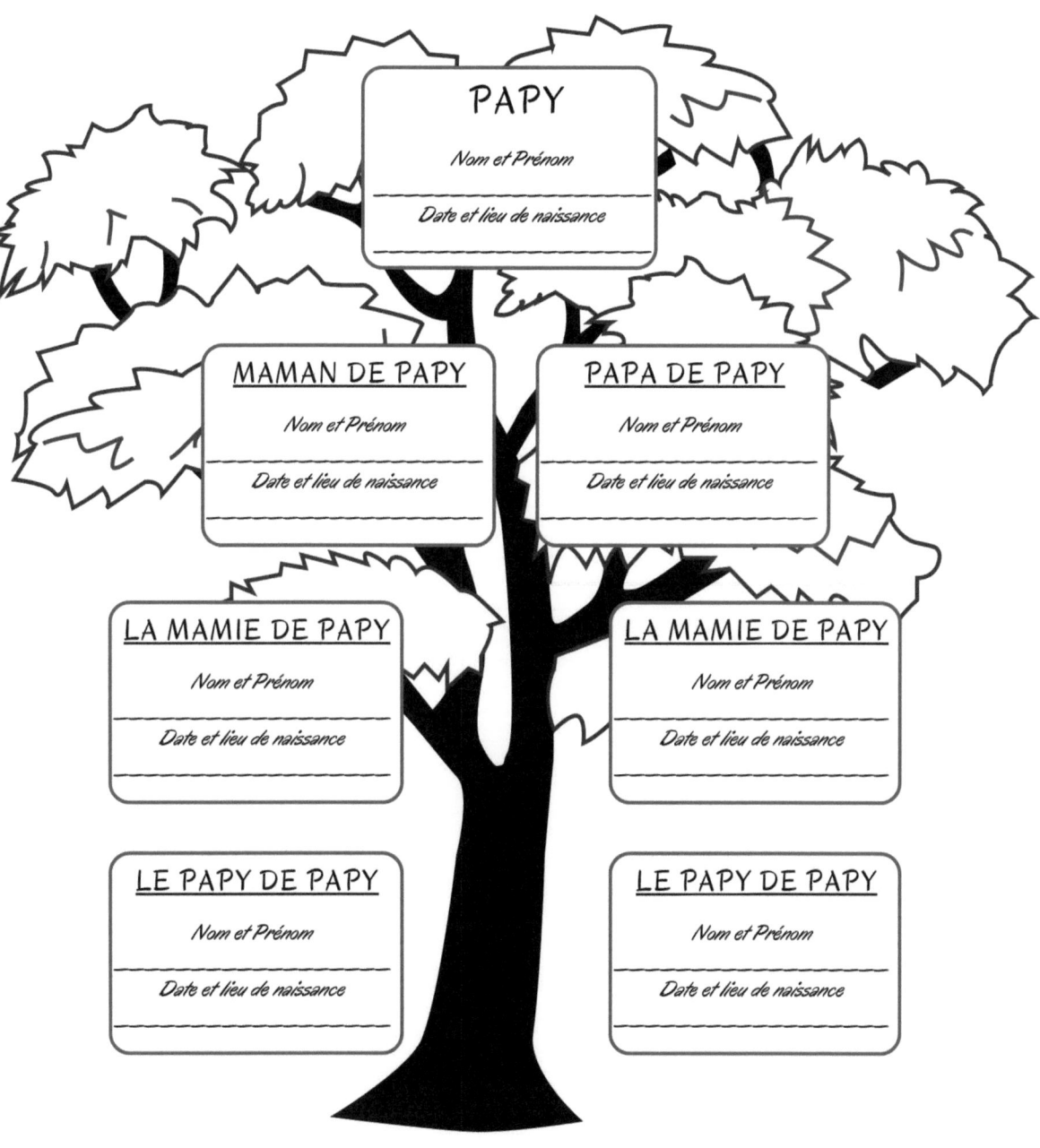

Peux tu nous parler de tes grands parents ?

"Un Grand-père est une personne qui dit Oui quand les parents disent Non."

Peux-tu nous parler de tes grands-parents Maternels ?

Mon cher Papy, comment s'appelaient ta grand-mère et ton grand-père côté maternel ?
Avaient-ils des frères et sœurs, d'où venaient-ils et que peux-tu nous dire sur eux ?

_____
_____
_____
_____
_____
_____
_____
_____
_____
_____
_____
_____
_____
_____
_____
_____
_____
_____
_____
_____
_____
_____

Décris-nous comment vivaient tes grands-parents maternels. Te souviens-tu s'ils étaient sévères ou plus tendres et où ils travaillaient ?

Passais-tu beaucoup de temps avec ton papy et ta mamie ? Quels sont tes plus beaux souvenirs avec eux ?

Peux-tu nous parler de tes grands-parents Paternels ?

Mon cher Papy, comment s'appelait ta grand-mère et ton grand-père côté Paternel ?
Avaient-ils des frères et soeurs, d'où venaient-ils et que peux-tu nous dire sur eux ?

Décris-nous comment vivaient tes grands-parents paternels. Te souviens-tu s'ils étaient sévères ou plus tendre et où ils travaillaient ?

Passais-tu beaucoup de temps avec ton papy et ta mamie ? Quels sont tes plus beaux souvenirs avec eux ?

Raconte nous ce que nous avons oublié de te demander sur cette page de notes ....

Peux tu nous parler de tes Parents ?

"Les parents sont pour l'enfant ce que les rails sont pour le train. Il faut qu'ils restent solidement fixés pour permettre à l'enfant de cheminer"

Parle-nous de ta maman.

Comment s'appelait ta maman. Où et quand est-elle née ?
Où vivait-elle ?
Que faisait-elle comme métier ? Peux-tu nous la décrire ?

Parle-nous encore de ta maman.

Qu'est-ce qui amusait le plus ta maman ?
_____
_____
_____
_____
_____
_____

Qu'est-ce que tu apprécies le plus chez elle ?
_____
_____
_____
_____
_____
_____

Avait-elle des frères et soeurs ? que sais-tu d'eux ?
_____
_____
_____
_____
_____
_____
_____
_____
_____

Parle-nous de ton papa.

Comment s'appelait ton Papa ? Où et quand est-il né ? Où vivait-il ?

Que faisait-il comme métier ? Peux-tu nous le décrire ?

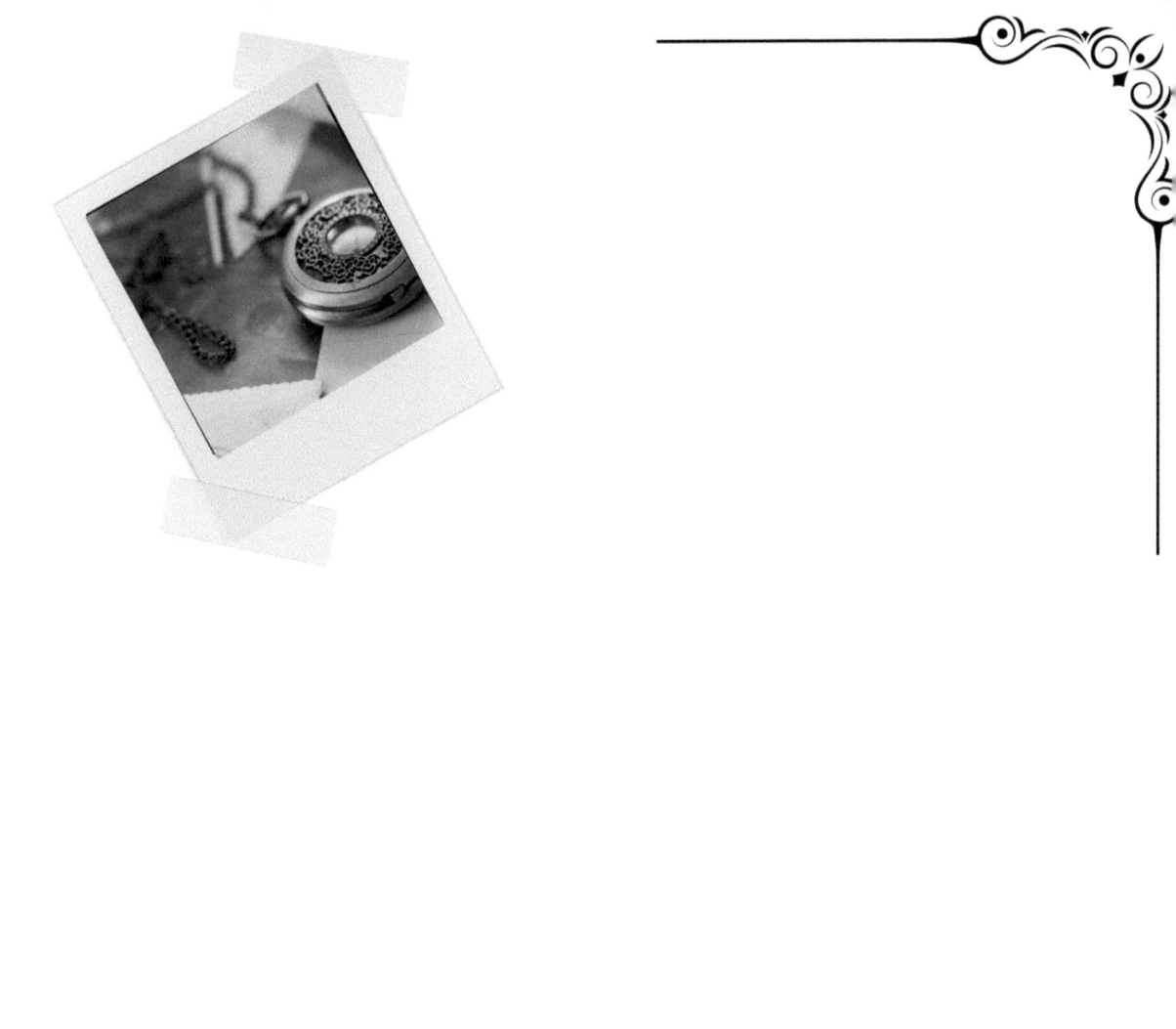

Parle-nous encore de ton papa.

Qu'est-ce qui amusait le plus ton Papa ?

_____
_____
_____
_____
_____

Qu'est-ce que tu apprécies le plus chez Lui?

_____
_____
_____
_____
_____

Avait-il des frères et soeurs ? que sais-tu d'eux ?

_____
_____
_____
_____
_____
_____
_____

Raconte nous ce que nous avons oublié de te demander sur cette page de notes ….

Tes souvenirs d'enfance et d'écolier

"L'enfance est le début de l'infini. Sans elle, pas de boucle. Sans elle, pas de futur : c'est pour ça qu'elle dure pour toujours"

Tes souvenirs d'enfance.

Où et quand es-tu né ? A quoi ressemblait l'endroit où vous habitiez quand tu étais petit ? Décris-nous ta maison, y avait-il beaucoup de pièces et un jardin ?
Où dormiez-vous ? ou mangiez-vous ?

Parle-nous de tes souvenirs d'enfance.

Où jouais-tu quand tu étais petit ?

_____
_____
_____
_____
_____
_____

Avais-tu des jouets préférés ?

_____
_____
_____
_____
_____
_____

Avais-tu un doudou ? Tu l'as encore ?

_____
_____
_____
_____
_____
_____
_____
_____

Parle-nous de tes souvenirs d'enfance

Est-ce que tu partais en vacances?
_____
_____
_____
_____
_____
_____

Avec qui tu partais, et où ?
_____
_____
_____
_____
_____
_____

Quels sont les pays où tu es allé ?
_____
_____
_____
_____
_____
_____
_____
_____

Parle-nous de tes souvenirs d'enfance.

Quel est le cadeau qui t'a fait le plus plaisir ?

_____
_____
_____
_____
_____

Peux tu me parler de tes frères et soeurs ? Quand sont-ils nés et qu'avez-vous vécu de beau ensemble ?

_____
_____
_____
_____
_____
_____
_____
_____
_____
_____
_____
_____

Parle-nous de tes souvenirs d'écolier.

Aimais-tu aller à l'école ? Elle était grande ? est-ce que les garçons et les filles étaient séparés ?

_____
_____
_____
_____
_____
_____

Aviez-vous des matières qui ne sont plus enseignées aujourd'hui ?

_____
_____
_____
_____

Quelles étaient tes matières préférées ?

_____
_____
_____
_____
_____
_____
_____

Parle-nous de tes souvenirs d'écolier.

Avais-tu un maître ou une maîtresse ? Etaient-ils gentils ou sévères ?

_____
_____
_____
_____
_____

Avais-tu de bons résultats à l'école ? Quels sont les métiers que tu voulais faire ?

_____
_____
_____
_____
_____

Est-ce que tu préférais travailler ou étudier ?

_____
_____
_____
_____
_____
_____
_____

Parle-nous de tes souvenirs d'écolier.

Quelles étaient tes matières favorites ?

_____
_____
_____
_____
_____
_____

Préfères-tu les livres ou les bandes dessinées ?

_____
_____
_____
_____
_____
_____

As-tu eu de très bons amis à l'école ?
Avez-vous fait beaucoup de bêtises ensemble ?

_____
_____
_____
_____
_____
_____
_____

Raconte nous ce que nous avons oublié de te demander sur cette page de notes ....

Parle-nous de ta femme, notre mamie.

"Le bon mari fait la bonne femme, et la bonne femme fait le bon mari."

Parle-nous de ta Femme, notre mamie.

Où et quand as-tu rencontré mamie ? Qu'est-ce qui t'as le plus attiré chez elle ?

Parle-nous de ta Femme, notre mamie.

Quand avez-vous commencé à vous fréquenter ? Ou alliez-vous pour vous voir ?

_____
_____
_____
_____
_____
_____
_____

Ou vous êtes-vous marié et à quelle date ?

_____
_____
_____
_____
_____
_____
_____
_____
_____
_____
_____
_____

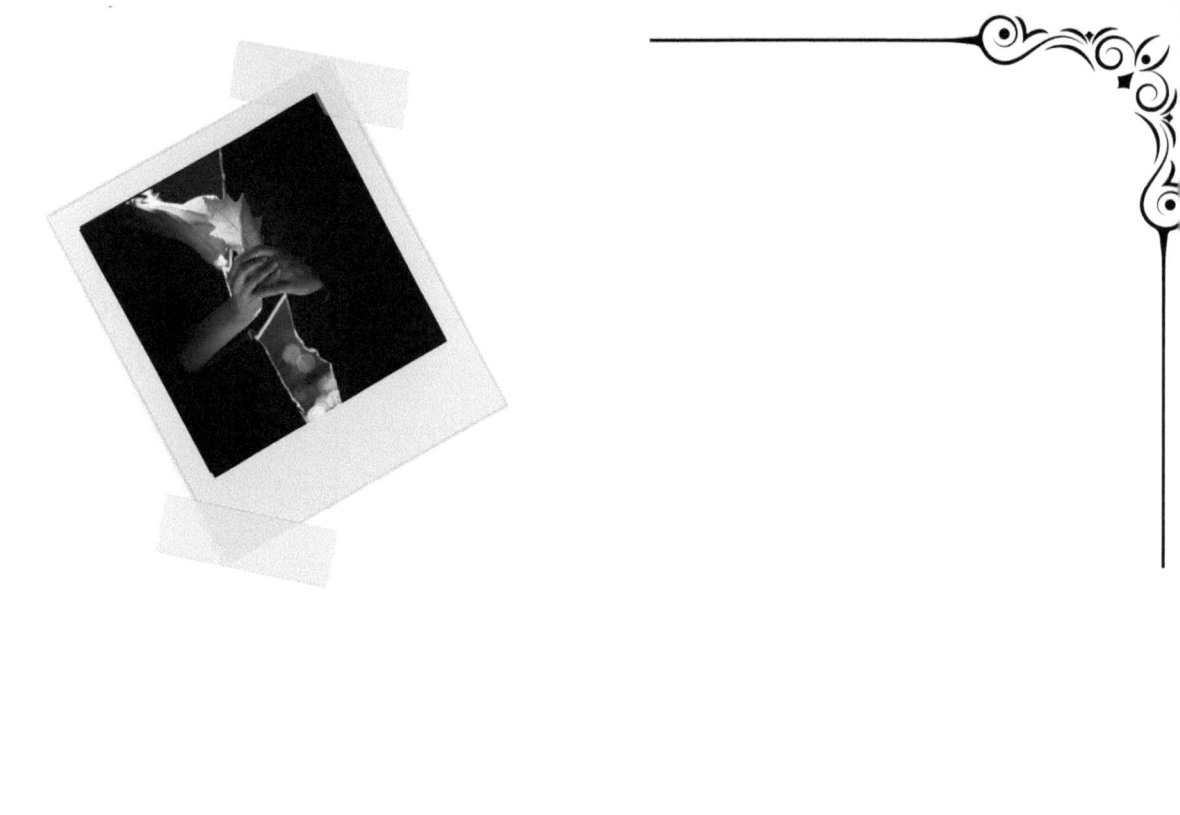

Parle-nous de ta Femme, notre mamie.

Qu'est-ce que tu apprécies le plus chez mamie?

_____
_____
_____
_____
_____
_____
_____
_____
_____

Quelle est la plus grande joie qu'elle t'ait apportée?

_____
_____
_____
_____
_____
_____
_____
_____
_____
_____
_____
_____
_____
_____

Raconte nous ce que nous avons oublié de te demander sur cette page de notes ....

Parle-nous de ton Travail

"Une machine peut faire le travail de 50 personnes ordinaires mais elle ne peut pas faire le travail d'une personne extraordinaire."

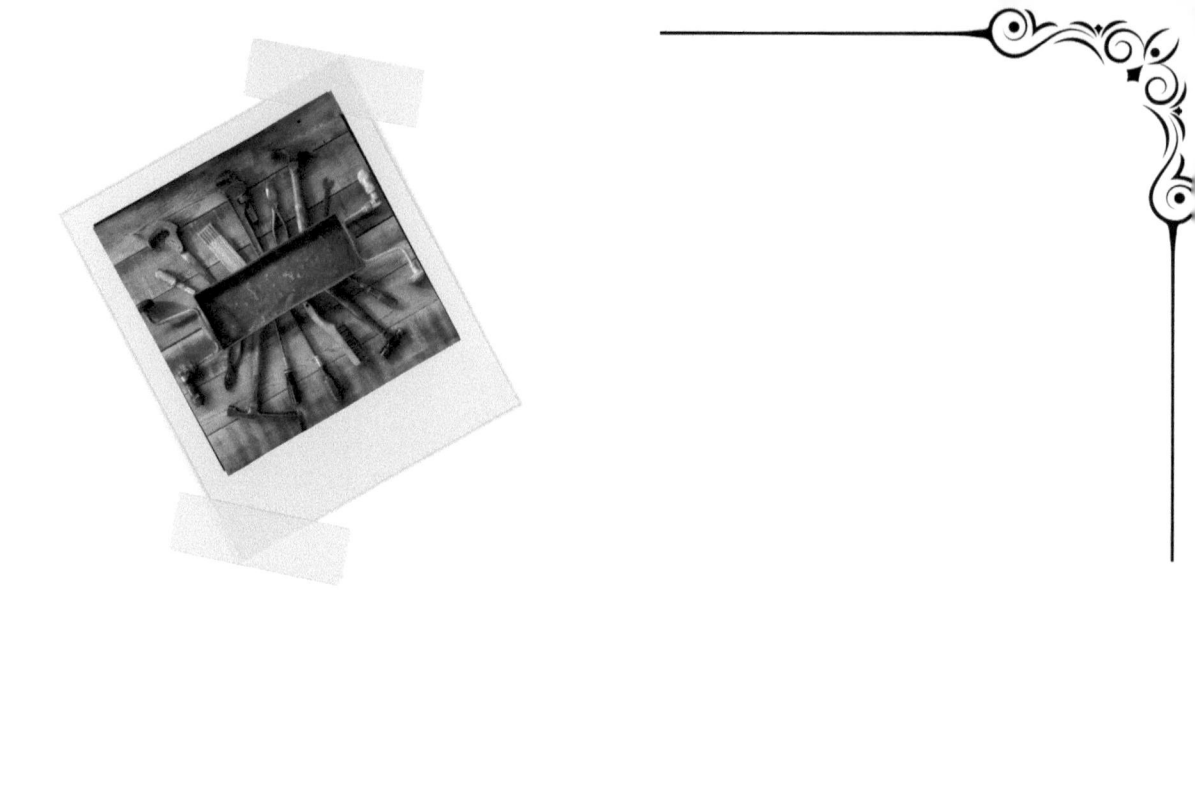

Parle-nous de ton Travail.

Quel a été ton premier travail ? Quel âge avais-tu ? As-tu des anecdotes à nous raconter ? As-tu été travailler dans d'autres sociétés ?

___

As-tu eu des collègues avec qui tu es devenu ami ?

___

Parle-nous de tes Enfants.

"L'enfance est un secret, un coffre aux trésors dont nous gardons pour toujours la clé, un rêve à rêver pour toujours, une histoire qui recommence à chaque instant, l'enfance est tous ces enfants à venir, des millions d'enfants et autant de souvenirs.

L'enfance est ce tout petit supplément d'âme, cette petite flamme que l'on garde en soi pour réchauffer son âme".

Jean-Pierre Guéno, Paroles d'enfance : Les Français racontent leurs souvenirs d'enfance

Parle-nous de tes enfants.

Quand vos enfants sont-ils nés ? Comment avez-vous choisi leurs prénoms ?

Où habitiez-vous ? Avez-vous déménagés ?

_____
_____
_____
_____
_____
_____

As-tu des anecdotes rigolotes et croustillantes sur eux ?

_____
_____
_____
_____
_____
_____
_____
_____
_____
_____
_____
_____
_____
_____

Parle-nous de tes enfants.

Aviez-vous des animaux de compagnie ? Comment s'appelaient-ils ? Quels ont été les meilleurs moments avec eux ?

_____
_____
_____
_____
_____
_____
_____
_____
_____
_____
_____
_____

As-tu des anecdotes rigolotes avec eux ?

_____
_____
_____
_____
_____
_____
_____

Raconte nous ce que nous avons oublié de te demander sur cette page de notes ....

Parle-nous de tes Petits Enfants.

"Une mère devient une véritable grand-mère le jour où elle ne remarque plus les erreurs de ses enfants, étant émerveillée par ses petits-enfants."

De Lois Wyse

Parle-nous de tes petits enfants.

Quel a été ton sentiment quand tu as appris que tu allais devenir Papy ?

_____
_____
_____
_____
_____
_____
_____
_____
_____
_____
_____
_____
_____

Qu'est-ce que tu aimes le plus faire avec eux ?

_____
_____
_____
_____
_____
_____
_____

Parle-nous de tes petits enfants.

Peux-tu nous dire s'ils ont des traits communs avec toi ou avec mamie ?

_____
_____
_____
_____
_____
_____
_____
_____
_____
_____
_____
_____

Qu'est-ce que tu aimes le plus chez eux ?

_____
_____
_____
_____
_____
_____
_____

Raconte nous ce que nous avons oublié de te demander sur cette page de notes ....

Toutes ces petites choses qu'on aimerait bien savoir aussi sur toi ...

"Ils disent que les gène sautent des générations. Voila peut être pourquoi les grands-parents trouvent leurs petits-enfants si sympathiques"

Joan McIntosh

Toutes ces petites choses qu'on aimerait bien savoir aussi sur toi …

Qu'est-ce qui a le plus changé depuis l'époque de ta jeunesse ?

_____
_____
_____
_____
_____
_____
_____
_____
_____
_____
_____
_____
_____
_____
_____
_____
_____
_____
_____
_____
_____
_____
_____

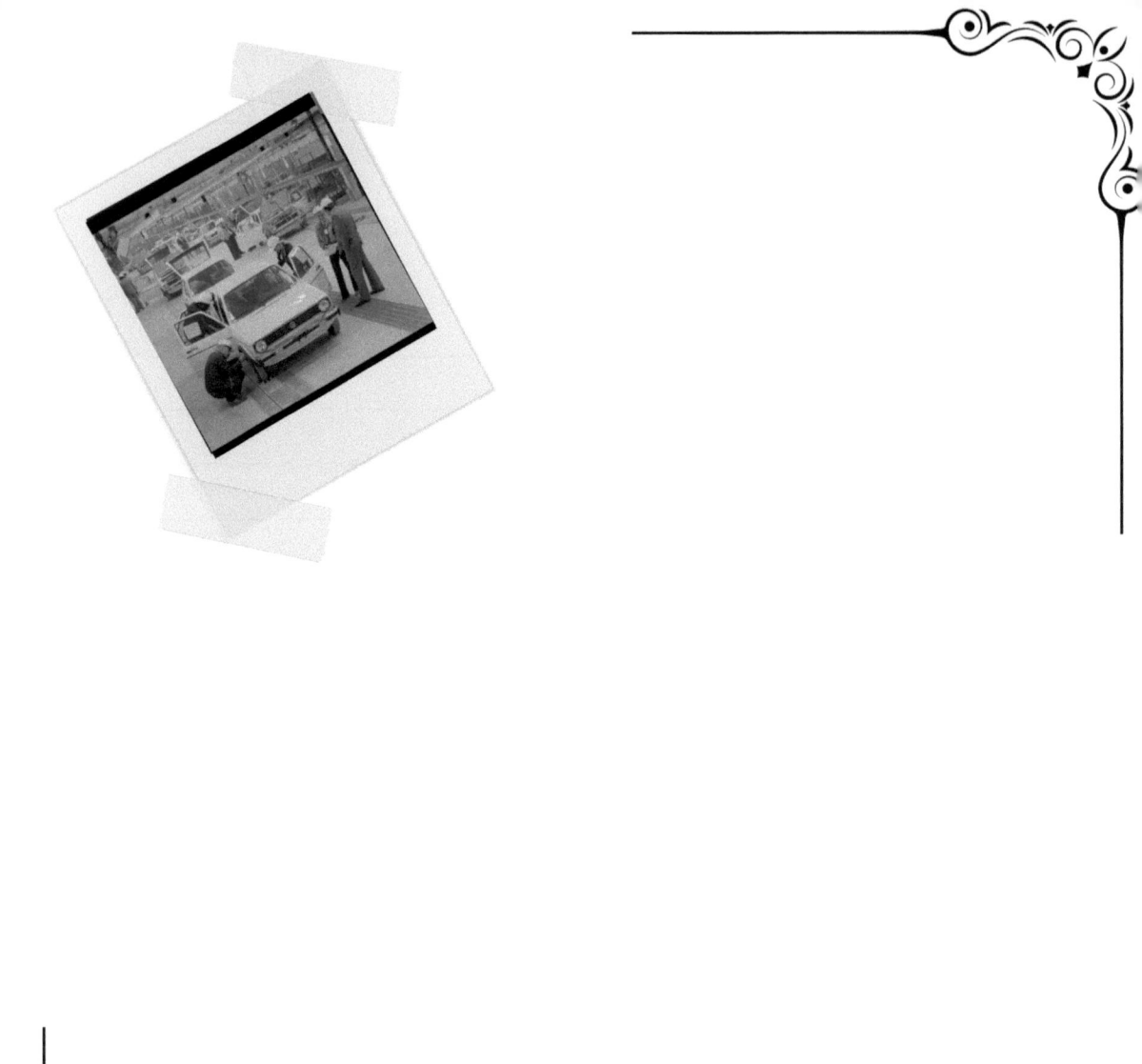

Toutes ces petites choses qu'on aimerait bien savoir aussi sur toi …

Quelle a été ta première voiture ? En as-tu eu d'autres ?

_____
_____
_____
_____
_____
_____
_____
_____

A quel âge as-tu ton permis de conduire ?

_____
_____
_____
_____
_____
_____
_____
_____
_____
_____
_____

Toutes ces petites choses qu'on aimerait bien savoir aussi sur toi …

Aujourd'hui, quels sports aimes-tu ? Et lequel pratiques-tu ?

_____
_____
_____
_____
_____
_____
_____
_____
_____

Avais-tu un passe-temps étant jeune ? Quels sont tes loisirs aujourd'hui ?

_____
_____
_____
_____
_____
_____
_____
_____
_____
_____
_____
_____

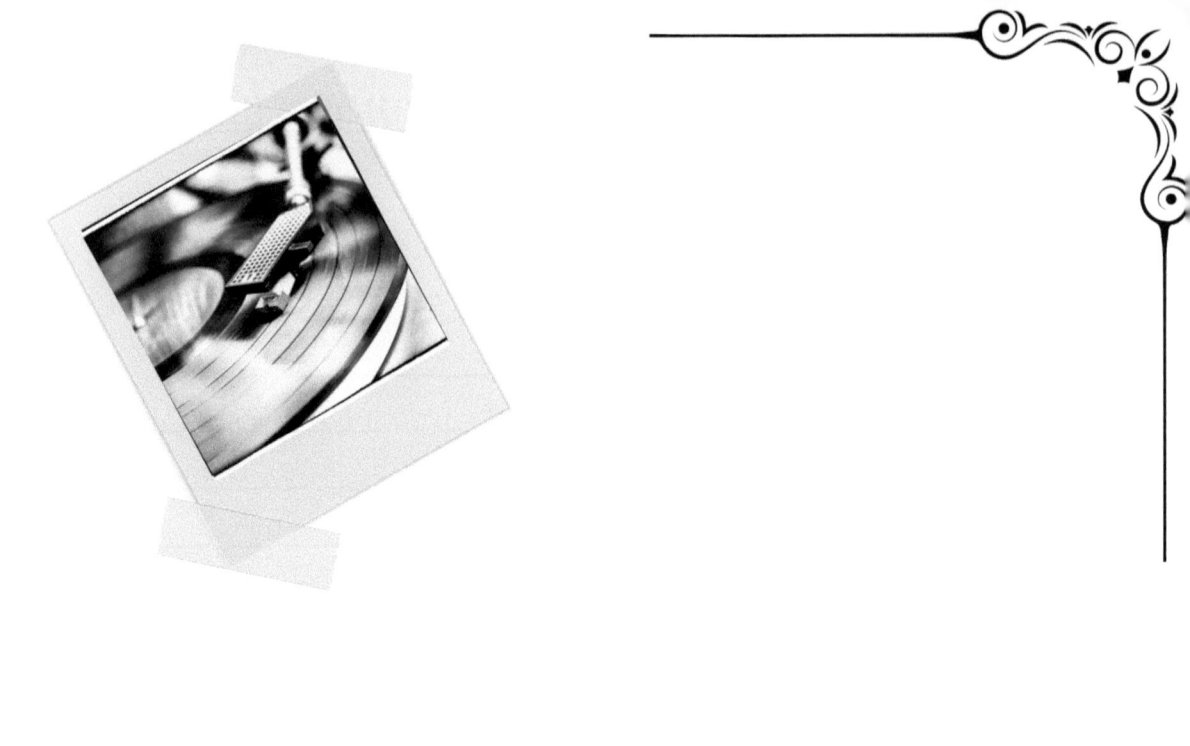

Toutes ces petites choses qu'on aimerait bien savoir aussi sur toi …

Avant, écoutais-tu de la musique ? Plutôt à la radio ou sur un tourne-disque ?

As-tu des chanteurs et styles de musique préférés?

Toutes ces petites choses qu'on aimerait bien savoir aussi sur toi …

Avant, allais-tu au cinéma ? Quels étaient tes films préférés et tes acteurs ou actrices favorites ?

_____
_____
_____
_____
_____
_____
_____
_____

Regardais-tu la télé ? Avais-tu des émissions préférées ?

_____
_____
_____
_____
_____
_____
_____
_____
_____
_____
_____
_____

Toutes ces petites choses qu'on aimerait bien savoir aussi sur toi ...

Quand tu étais enfant, quels étaient tes plats préférés ? Et tes desserts ? Est-ce que tes goûts ont changé ?

_____
_____
_____
_____
_____
_____
_____
_____
_____
_____
_____
_____
_____
_____
_____
_____
_____
_____
_____
_____
_____

Tes regrets dont
tu souhaites nous parler.

Et les toutes les choses
que nous n'avons pas
abordées

Raconte nous ce que nous avons oublié de te demander sur ces quelques pages de notes ….

Raconte nous ce que nous avons oublié de te demander sur ces quelques pages de notes ....

Raconte nous ce que nous avons oublié de te demander sur ces quelques pages de notes ….

Raconte nous ce que nous avons oublié de te demander sur ces quelques pages de notes ....

Raconte nous ce que nous avons oublié de te demander sur ces quelques pages de notes ….

Raconte nous ce que nous avons oublié de te demander sur ces quelques pages de notes ….

Bonjour à Tous,

Nous publions nos livres de manière indépendante, et si vous aimez ce livre, n'hésitez pas à nous laisser un commentaire sur Amazon.

Nous lisons chacun de vos commentaires avec plaisir, ils sont primordiaux pour soutenir notre travail et nous encourager à poursuivre nos efforts et à proposer des œuvres de qualité.

Nous espérons que vous prendrez plaisir à remplir ce livre autant que nous avons eu plaisir à le concevoir.

D'avance merci
Elisa et Donnie